EASY vegan backen

Mail0ves

EASY vegan backen

50 einfache Rezepte für
Kuchen, Muffins, Kekse,
Brownies und mehr

riva

VORWORT

Wenn ich erzähle, dass ich mich vegan ernähre, werde ich sehr oft gefragt: »Aber wie backst du denn ohne Eier?« Wenn ich dann erkläre, dass Eier nicht immer notwendig sind und dass man sie in vielen Rezepten auch einfach ersetzen kann, dann heißt es: »Oje, das ist sicher kompliziert.« Dieses Vorurteil über selbst gemachtes veganes Gebäck hält sich hartnäckig. Viele Menschen halten es für unmöglich oder mindestens schwierig. Dabei kann man mit einigen wenigen Zutaten aus dem Vorratsschrank köstliches veganes Gebäck zaubern. Dieses Wissen ist auch für Menschen nützlich, die nicht auf tierische Produkte verzichten.

Mailody alias MailOves gehört zu den ersten Social-Media-Stars, die ein Buch veröffentlicht haben. Sie präsentiert auf den folgenden Seiten verführerische, alltagstaugliche Rezepte. Wer dieses Buch in den Händen hält, kennt wahrscheinlich schon einige ihrer Rezepte oder weiß, dass sie bereits mehr als 100.000 Follower hat. Hier stellt MailOves neben ihren Klassikern, die ihrem Instagram-Account und ihrem YouTube-Kanal zum Erfolg verholfen haben, auch neue Rezepte vor. Alle sind einfach zuzubereiten und gelingen garantiert. Ihr Credo: Rezepte müssen einfach, kostengünstig, nährstoffreich, lecker und vegan sein und sich leicht in den Alltag integrieren lassen.

Was mich an Mailodys kulinarischem Ansatz von Anfang an begeistert hat, ist die Einfachheit. Denn wer kann zusätzlich zu Alltagsstress noch komplizierte Rezepte gebrauchen? Ihre Speisen haben nur wenige Zutaten und sind in kurzer Zeit zubereitet. Wasser statt Milch, nährstoffreiche Zutaten wie Pulver oder Püree aus Ölsaaten – das sind Beispiele für die Zutaten, die bezahlbar sind und den Vorratsschrank nicht verstopfen. In diesem Buch findest du überraschende Rezepte mit eiweißreichen Kichererbsen, aber auch vegane Versionen beliebter industrieller Backwaren und Schokoriegel.

Die größte Schwierigkeit besteht darin, aus der verlockenden Vielfalt eine Auswahl zu treffen.

marie LAFORÊT

DARF ICH MICH VORSTELLEN?

Seit ich mich erinnern kann, backe ich gern und wandele Rezepte individuell ab. Anfangs habe ich Rezepte aus Backbüchern einfach nur aufgepeppt, bis ich die »leichte Küche« entdeckt habe. Damals begann ich, einzelne Zutaten zu ersetzen, um meine Lieblingsrezepte leichter zu machen. Zunächst hatte ich viel Spaß dabei, aber je mehr ich in die Light- und Kalorienfalle tappte, desto mehr blieb die Freude auf der Strecke, und schließlich gab ich das Backen ganz auf. Erst Jahre später bin ich allmählich auf eine gesunde Ernährung umgestiegen, die auf Nährstoffen und nicht auf Kalorien basierte. So fing ich wieder an, in der Küche zu experimentieren, und lud Kollegen und Freunde zum Probieren ein.

Das Backen war ein privates Hobby, bis ich 2016 meinen Instagram-Account Mail0ves (mit einer Null) einrichtete. Ich wollte nicht nur meine Familie und meinen Freundeskreis mit meiner Freude an gesunden, leckeren Rezepten anstecken, sondern viel mehr Menschen erreichen. Diese Entscheidung hat mein Leben umgekrempelt. Heute kann ich mit meiner Backleidenschaft meinen Lebensunterhalt bestreiten, und ich habe über das Netz erste Einblicke in die vegane Ernährung bekommen. Bis dahin waren mir sowohl der Begriff als auch die Beweggründe dafür sehr unklar, und ich erinnere mich gut, wie erstaunt ich war, als ich herausfand, dass man Kuchen tatsächlich auch ohne Eier backen kann.

Zuerst habe ich mich im Interesse meiner eigenen Gesundheit für den Veganismus entschieden. Dann wurden mir allmählich die Realitäten der Tierausbeutung und des Tierleids klar, und ich erkannte deren Auswirkungen auf die Umwelt. Das war das letzte Puzzleteil, das mir zu einem neuen Ernährungsbewusstsein fehlte. 2017 beschloss ich, mich voll und ganz meinem Instagram-Account zu widmen und noch einmal ganz anders kochen zu lernen, diesmal aus ethischen Gründen. Es ging mir nicht mehr nur um meine eigene Gesundheit, sondern auch um die Tiere und unseren Planeten. Der Anfang war schwierig, und die ersten Ergebnisse waren eher frustrierend. Dennoch war es die beste Entscheidung meines Lebens.

Heute habe ich am Herd meinen Stil gefunden und entwickle meine Rezepte immer weiter, damit sie unkompliziert, schnell, mit wenigen Zutaten und so erschwinglich wie möglich sind. Ich habe endlich das richtige Gleichgewicht zwischen Geschmack, Einfachheit, Sättigung, meinen Werten und Genuss gefunden. Ich genieße es, ohne Hintergedanken und ohne Schuldgefühle zu essen, egal, ob es sich um meine selbst gemachten Rezepte oder um verarbeitete pflanzliche Lebensmittel handelt. Und es ist mir ein besonderes Anliegen, die Freude und das Wohlbefinden, das diese Ernährungsweise mir schenkt, mit vielen Menschen zu teilen.

Von Klassikern für den Alltag über Rezepte, die bekannten Markenartikeln nachempfunden sind, bis zu köstlichen Besonderheiten: Alle Rezepte in diesem Buch sind unkompliziert und gelingen sicher. Für 15 Rezepte in diesem Buch benötigst du nur drei Hauptzutaten. Sie sind im Hauptteil mit dem Piktogramm (3) und im Register mit einem * gekennzeichnet. Es ist unglaublich, was alles möglich ist, wenn man nur drei Zutaten mit Wasser und einem Backtriebmittel vermengt! Für ganz eilige Genießer gibt es auch ein Kapitel mit Blitzrezepten.

MailOves (mit einer Null)

INHALT

MEIN MINIMALISTISCHER VORRATSSCHRANK

Um möglichst vielen Menschen leckere vegane Rezepte zugänglich zu machen, beschränke ich mich auf relativ wenige Zutaten und versuche, umstrittene Produkte ganz zu vermeiden. Meiner Überzeugung nach kann man auch ohne Bananen, Kokosmilch, Ananas und andere exotische Früchte, die weite Transportwege zurücklegen, wunderbar pflanzlich schlemmen, ohne dass Langeweile aufkommt. Du wirst sehen, dass du für abwechslungsreiche und köstliche pflanzliche Rezepte nur wenige Utensilien und Zutaten benötigst. Die meisten sind in einem gut sortierten Supermarkt erhältlich.

MEHLE

Ich verwende hauptsächlich Weizenmehl. Ähnliche Backergebnisse erzielst du mit Mehl aus Dinkel, der durch Züchtung weniger verändert wurde als Weizen. Für glutenfreie Rezepte bevorzuge ich Buchweizenmehl, das im Inland hergestellt wird und in Supermärkten, Reformhäusern und Bioläden erhältlich ist. Es sättigt anhaltend und ist preiswerter als die meisten glutenfreien Mehlsorten. Auch Haferflocken, ganz oder gemahlen, verwende ich gelegentlich. Hafer ist in manchen Rezepten ein guter Konsistenzgeber und eignet sich für die glutenarme Ernährung. Aber Achtung: Herkömmliche Haferflocken sind lediglich glutenarm. Gänzlich glutenfreie Sorten sind oft nur in Bioläden erhältlich.

SÜSSUNGSMITTEL

Wenn man die Anzahl und Menge der Zutaten auf ein Minimum reduzieren möchte, ist die Art des Süßungsmittels genauso wichtig wie die Art des Mehls.

Agavendicksaft macht Backwaren wunderbar saftig. Ansonsten verwende ich vorzugsweise Vollrohrzucker. Du kannst ihn durch braunen oder weißen Zucker ersetzen, solltest aber bedenken, dass Vollrohrzucker-Gebäck eine besonders knusprige Konsistenz gibt. Kokosblütenzucker und -sirup verwende ich nur für Gebäck und Desserts, die schnell karamellisieren sollen.

FETTE

Neben Ölen verwende ich hauptsächlich gemahlene Mandeln oder Nussbutter, Tahin und Co. als Fettkomponente in meinen Rezepten. Sie sind zwar teurer, lassen sich aber leichter aufbewahren als Margarine und liefern neben dem nussigen Geschmack auch wertvolle Nährstoffe. Was die Öle betrifft, empfehle ich für die meisten Rezepte mildes Olivenöl. Kokosöl verwende ich selten und nur in Fällen, in denen seine Eigenschaften für die Konsistenz unbedingt erforderlich sind.

FLÜSSIGKEITEN

Die meisten meiner Rezepte enthalten schlicht und einfach Wasser. Pflanzliche Milchalternativen sind oft teuer, und für den Geschmack lässt sich leicht mit anderen Zutaten sorgen. Ich verwende gern Apfelmus ohne Zuckerzusatz, das nicht nur für eine angenehme Konsistenz sorgt, sondern auch eine natürliche Süße beisteuert. Für weiche oder cremige Zubereitungen empfehle ich naturbelassenen Sojajoghurt oder Seidentofu. Wer keine Sojaprodukte isst, kann stattdessen Kokosjoghurt verwenden.

SCHOKOLADE UND KAKAO

Ich verwende hauptsächlich Kakaopulver. Davon benötigt man für den Geschmack nur eine kleine Menge. Fett und Zucker aus herkömmlicher Schokolade können auch durch andere Zutaten beigesteuert werden. Statt teurer Schokotropfen hacke ich Kuvertüre selbst in kleine Stücke. Backschokolade ohne tierische Inhaltsstoffe gibt es mittlerweile in den meisten Supermärkten – achte einfach auf das Kleingedruckte!

KLASSIKER

PANCAKES

3 HAUPT-ZUTATEN

Für 6 Personen

VORBEREITUNG: 15 MIN / BACKZEIT: 15 MIN

ZUTATEN

- 15 G ÖL + ETWAS MEHR FÜR DIE FORM
- 10 G AGAVENDICKSAFT
- 1 EL APFELESSIG
- 90 G WEIZEN- ODER DINKELMEHL
- 1 GESTR. EL BACKPULVER
- 1 PRISE SPEISENATRON

1 Eine Pfanne mit etwas Öl auf mittlerer Stufe erhitzen. Die flüssigen Zutaten mit 90 ml Wasser in eine Schüssel gießen, dann Mehl, Backpulver und Natron zugeben und alles zu einem glatten, dickflüssigen Teig verrühren.

2 Gut gehäufte Esslöffel des Teigs in die heiße Pfanne geben und mit dem Löffelrücken zu einer Stärke von etwa 5 mm verstreichen. Wenn sich die Ränder braun färben, die Pancakes umdrehen. Die gebackene Oberfläche sollte goldbraun sein. Die Pancakes von der anderen Seite ebenfalls goldbraun backen, dann aus der Pfanne nehmen und vor dem Servieren etwas abkühlen lassen.

EXTRATIPP:
Für noch saftigere Pfannkuchen ersetze 30 ml Wasser durch 60 g pflanzlichen Naturjoghurt. Du kannst auch das Öl durch 30 g Nussbutter ersetzen.

HEFEZOPF

3 HAUPT-ZUTATEN

Für 6 Personen

VORBEREITUNG: 35 MIN /
RUHEZEIT: MINDESTENS 3 STD 45 MIN / BACKZEIT: 35 MIN

ZUTATEN

- 9 G TROCKENHEFE
- 60 G AGAVENDICKSAFT
- 320 G WEIZEN- ODER DINKELMEHL
- 5 G SALZ
- 65 G KOKOSÖL

ZUM BESTREICHEN

- 2 EL AGAVENDICKSAFT
- 1 EL PFLANZLICHER NATURJOGHURT

1 Die Hefe mit dem Agavendicksaft und 150 ml lauwarmem Wasser verrühren. 15 Minuten beiseite stellen.

2 Den Knethaken in die Küchenmaschine einsetzen. Hefeansatz, Mehl und Salz in die Schüssel geben und alles 5 Minuten kneten, dann 1 Minute warten und das Öl zufügen. Den Teig weitere 5 Minuten kneten.

3 Den glatten Teig zu einer Kugel formen, in eine große Schüssel legen und abdecken. An einem trockenen, warmen Ort 3–6 Stunden gehen lassen, bis sich sein Volumen verdoppelt hat.

4 Ein Backblech mit Backpapier belegen oder eine Kastenform mit Backpapier auskleiden. Den Teig aus der Schüssel nehmen und dritteln. Jedes Stück mit den Händen zu einem dicken, glatten Strang rollen. Die Stränge an einem Ende zusammendrücken, dann flechten, ohne sie dabei in die Länge zu ziehen. Die anderen Enden ebenfalls zusammendrücken. Den Teig auf das Blech oder in die Form legen und abgedeckt an einem trockenen, warmen Platz weitere 30–60 Minuten gehen lassen.

5 Den Backofen (ohne Umluft) auf 180 °C vorheizen. Den Teig mit der Agaven-Joghurt-Mischung bestreichen und ca. 35 Minuten backen.

6 Den Hefezopf auf einem Kuchengitter abkühlen lassen. Da er weder Eier noch Butter enthält, kann er leicht austrocknen und sollte in Scheiben geschnitten und eingefroren werden, falls er nicht sofort verzehrt wird.

EXTRATIPP:
Der Teig wird noch luftiger, wenn du das Kokosöl durch 80 g weiche Margarine ersetzt. Verwende dann jedoch nur 140 ml Wasser.

CRÊPES

Für 6 mittelgroße Crêpes

VORBEREITUNG: 10 MIN / BACKZEIT: 18 MIN

3 HAUPT-ZUTATEN

ZUTATEN

- 135 G WEIZEN- ODER DINKELMEHL
- 35 G AGAVENDICKSAFT
- 30 G HELLES MANDELMUS
- RUM
- VANILLE
- ZITRONENSCHALE
- ÖL ZUM BRATEN

1 Eine eingeölte Pfanne auf mittlerer bis hoher Stufe erhitzen. Alle Zutaten mit 250 ml Wasser mit dem Handmixer oder in der Küchenmaschine zu einem glatten Teig verarbeiten.

2 Sobald die Pfanne mit dem Öl heiß ist, den Teig bei Bedarf nochmals durchrühren, dann eine Portion Teig in die Pfanne geben und dünn verstreichen. Wenn sich die Ränder von der Pfanne lösen und die Oberfläche nicht mehr flüssig ist, die Crêpe wenden. Die andere Seite etwa 2 Minuten braten. Den gesamten Teig auf diese Weise verarbeiten.

EXTRATIPP:
Statt Mandelmus kann auch Cashewmus verwendet werden.

SCONES

Für 3 Scones

3 HAUPT-ZUTATEN

VORBEREITUNG: 15 MIN / BACKZEIT: 13 MIN

ZUTATEN

- 70 G APFELMUS OHNE ZUCKERZUSATZ
- 120 G WEIZEN- ODER DINKELMEHL (TYPE 405, 550/630 ODER 1050)
- 1 GEH. TL BACKPULVER
- 35 G ÖL

1 Den Backofen auf 200 °C vorheizen. Das Apfelmus in eine Schüssel geben, Mehl, Backpulver und Öl zugeben und alles zu einem glatten Teig verarbeiten. Den Teig mit dem Handballen zu einem Rechteck von ca. 1 cm Stärke drücken, doppelt legen und 3 Kreise ausstechen.

2 Die Scones 13 Minuten backen, dann rasch abkühlen lassen, damit sich eine schöne Kruste bildet. Sofort servieren.

EXTRATIPP: Du kannst das Apfelmus durch 20 g Vollrohrzucker und 50 ml Wasser ersetzen

VARIANTE

SCONECAKES

Für 2 Stück

VORBEREITUNG: 15 MIN / BACKZEIT: 20 MIN

ZUTATEN

- 50 G APFELMUS OHNE ZUCKERZUSATZ
- 20 G MANDEL- ODER CASHEWBUTTER
- 10 G VOLLROHRZUCKER
- 30 G GEMAHLENE MANDELN
- 40 G WEIZEN- ODER DINKELMEHL (TYPE 405, 550/630 ODER 1050)
- 1 GEH. TL BACKPULVER
- SCHOKOTROPFEN ODER ROSINEN

1 Den Backofen auf 180 °C vorheizen. Apfelmus und Mandelbutter verrühren, dann nach und nach Zucker, Mandeln, Mehl und Backpulver unterrühren, bis ein leicht klebriger Teig entsteht. Schokotropfen oder Rosinen unterarbeiten.

2 2 Ramequin-Förmchen mit Backpapier auskleiden. Den Teig in die Formen füllen und die Oberfläche mit angefeuchteten Fingern glätten. 20 Minuten backen, dann zügig abkühlen lassen, damit sich eine Kruste bildet. Sofort servieren.

EXTRATIPP:
Diese Scones ohne Öl sind innen so saftig wie ein Kuchen, haben aber eine schöne Kruste.

COOKIES

3 HAUPT-ZUTATEN

Für 6 Stück

VORBEREITUNG: 10 MIN / BACKZEIT: 13 MIN

ZUTATEN

- 35 G KOKOSBLÜTEN-ZUCKER
- 110 G WEIZEN- ODER DINKELMEHL
- 1/2 TL BACKPULVER
- 40 G ÖL (VORZUGSWEISE KOKOSÖL)
- SCHOKOTROPFEN (NACH BELIEBEN)

1 Den Backofen auf 180 °C vorheizen. Den Zucker mithilfe einer Gabel mit 40 ml Wasser verrühren. Mehl, Backpulver und das flüssige, aber nicht heiße (Kokos-)Öl zufügen und alles zu einem glatten Teig verarbeiten. Die Schokotropfen untermischen.

2 Mithilfe eines Esslöffels sechs Kleckse Teig auf ein Backblech geben und mit den Fingern etwas flacher drücken. 13 Minuten backen (oder länger, wenn die Cookies knuspriger werden sollen). Vor dem Servieren unbedingt ganz abkühlen lassen, damit die Cookies schön knusprig werden.

EXTRATIPP:
Du kannst das Öl auch durch 60 g zerlassene, abgekühlte Margarine ersetzen. Nimm in dem Fall nur 25 ml Wasser.

MADELEINES

Für 9–10 Stück

VORBEREITUNG: 15 MIN / BACKZEIT: 10 MIN

ZUTATEN

- 45 G AGAVENDICKSAFT
- ABGERIEBENE SCHALE VON 1 BIO-ZITRONE
- 30 G SOJAJOGHURT
- 15 G OLIVENÖL
- 30 G HELLES MANDELMUS ODER CASHEWBUTTER
- 35 G GEM. MANDELN
- 1 TL APFELESSIG
- 1 PRISE SPEISENATRON
- 60 G WEIZEN- ODER DINKELMEHL
- 1 GEH. EL BACKPULVER

1. Die Madeleineform bei Bedarf mit Backpapier auskleiden, dann ins Gefriergerät legen.
2. Agavendicksaft, Zitronenschale, Joghurt, Öl, Nussmus und gemahlene Mandeln verrühren. Unter ständigem Rühren langsam 60 ml Wasser, Essig, Natron, Mehl und Backpulver zugeben, bis ein glatter Teig entsteht.
3. Den Teig in die Mulden füllen und kalt stellen. Den Backofen auf 220 °C vorheizen.
4. Die Madeleines im vorgeheizten Ofen 2 Minuten backen, dann die Temperatur auf 180 °C reduzieren und die Madeleines weitere 8 Minuten backen. Vor dem Servieren abkühlen lassen.

EXTRATIPP:
Für Schokomadeleines ersetze 30 g Mehl durch 15 g Kakaopulver.

MUFFINS

3 HAUPT-ZUTATEN

Für 4–5 Stück

VORBEREITUNG: 15 MIN / BACKZEIT: 20 MIN

ZUTATEN

- 50 G ÖL
- 55 G VOLLROHRZUCKER
- 200 G WEIZEN- ODER DINKELMEHL
- 1 GEH. EL BACKPULVER
- RUM
- ZITRONENSCHALE
- VANILLE
- ZIMT
- SCHOKOTROPFEN, ROSINEN, BROMBEEREN ... (NACH BELIEBEN)

1 Den Backofen auf 180 °C vorheizen. Öl und Zucker mit 200 ml Wasser verrühren, dann Mehl, Backpulver, Rum, Zitronenschale und Gewürze zugeben. Alles gründlich vermengen. Zuletzt die Schokotropfen oder das Obst behutsam unter den Teig heben.

2 Papierförmchen in ein Muffinblech setzen und diese bis an den Rand mit Teig füllen. 20 Minuten backen. Abkühlen lassen, dann aus der Form nehmen.

EXTRATIPP:
Die Muffins sehen noch appetitlicher aus, wenn sie vor dem Backen mit gemahlenen Mandeln bestreut werden.

KASTENKUCHEN MIT ROSINEN

3 HAUPT-ZUTATEN

Für 7–8 Personen

VORBEREITUNG: 20 MIN / BACKZEIT: 50 MIN

ZUTATEN

- 115 G ÖL
- 130 G AGAVENDICKSAFT
- 280 G WEIZEN- ODER DINKELMEHL
- 1 GEH. EL BACKPULVER
- RUM
- VANILLE
- ZITRONENSCHALE
- ROSINEN, SCHOKOTROPFEN, BROMBEEREN ... (NACH BELIEBEN)

1 Den Backofen auf 160 °C vorheizen. Öl und Agavendicksaft mit 175 ml Wasser verquirlen, dann Mehl, Backpulver, Rum, Vanille und Zitronenschale einrühren. Zuletzt die Rosinen (oder Alternative) untermischen.

2 Eine Kastenform mit Backpapier auskleiden, den Teig hineinfüllen und 50 Minuten backen.

EXTRATIPP:
Für eine glutenfreie Version verwende 85 g Öl, 105 g Agavendicksaft und 195 g Buchweizenmehl.

VARIANTE

KASTENKUCHEN NATUR

3 HAUPT-ZUTATEN

Für 7–8 Personen

VORBEREITUNG: 20 MIN / BACKZEIT: 45 MIN

ZUTATEN

- 80 G ÖL
- 100 G VOLLROHR-ZUCKER
- 240 G WEIZEN- ODER DINKELMEHL
- 1 GEH. EL BACKPULVER
- RUM
- VANILLE
- ZITRONENSCHALE
- SCHOKOTROPFEN, ROSINEN, BROMBEEREN ... (NACH BELIEBEN)

1 Den Backofen auf 180 °C vorheizen. Öl und Zucker mit 225 ml Wasser verrühren, dann Mehl, Backpulver, Rum, Vanille und Zitronenschale unterrühren. Zuletzt Schokotropfen oder Früchte unter den Teig rühren.

2 Eine kleine Kastenform (18 cm) mit Backpapier auskleiden, den Teig hineinfüllen und 45 Minuten backen.

EXTRATIPP:
Diese Variante des Kastenkuchens wird ohne Agavendicksaft zubereitet. Dadurch bekommt der Kuchen eine besonders lockere Konsistenz.

CRUMBLE

3 HAUPT-ZUTATEN

Für 2 Personen

VORBEREITUNG: 35 MIN / BACKZEIT: 25 MIN

ZUTATEN

- 250 G ÄPFEL
- 30 G KOKOSBLÜTEN-ZUCKER
- VANILLE
- ZIMT
- 25 G + 1 EL ÖL
- 85 G WEIZEN- ODER DINKELMEHL
- 30 G GEM. MANDELN
- 40 G APFELMUS OHNE ZUCKERZUSATZ
- 2 PRISEN SPEISENATRON

1 Den Backofen auf 180 °C vorheizen. Die Äpfel schälen und würfeln. Die Apfelstücke mit 20 g Zucker und den Gewürzen mischen, dann mit 1 EL Öl beträufeln.

2 Die Apfelstücke mit 5 g Mehl bestäuben und nochmals mischen. Auf dem Boden einer ofenfesten Form (11 x 13 cm oder Ø 14 cm) verteilen.

3 Gemahlene Mandeln und Apfelmus verrühren, dann das restliche Mehl, die 25 g Öl und Natron zugeben. Alles mit den Fingern zu Streuseln verarbeiten. Diese auf den Äpfeln verteilen und das Ganze 25 Minuten backen.

EXTRATIPP:
Du kannst den Crumble auch in Portionsförmchen zubereiten. Dann reduziert sich die Backzeit auf 20 Minuten.

BLONDIE

3 HAUPT-ZUTATEN

Für 3–4 Personen

VORBEREITUNG: 15 MIN / BACKZEIT: 20 ODER 25 MIN

ZUTATEN

- 30 G AGAVENDICKSAFT
- 60 G HELLES MANDELMUS ODER CASHEWBUTTER
- 30 G WEIZEN- ODER DINKELMEHL
- 2 PRISEN SPEISENATRON

1 Den Backofen auf 180 °C vorheizen. Agavendicksaft und Mandelmus verrühren. Unter ständigem Rühren langsam 75 ml Wasser zugeben, dann Mehl und Natron zufügen und alles zu einem glatten Teig verarbeiten.

2 Eine Backform (12 x 13 cm) oder 3–4 Portionsförmchen mit Backpapier auskleiden und den Teig hineinfüllen. 25 Minuten backen, Einzelförmchen nur 20 Minuten.

EXTRATIPP:
Wer möchte, kann vor dem Backen noch Schokotropfen unter den Teig rühren.

SCHOKO-LADENKUCHEN

Für 6–7 Personen

VORBEREITUNG: 20 MIN / BACKZEIT: 45 MIN

ZUTATEN

- 120 G VOLLROHR-ZUCKER
- 45 G KAKAOPULVER
- 200 G GEM. MANDELN
- 65 G WEIZEN- ODER DINKELMEHL (TYPE 405, 550/630 ODER 1050)
- 1 TL BACKPULVER
- SCHOKOTROPFEN (NACH BELIEBEN)

1 Den Backofen auf 180 °C vorheizen. Den Zucker mit 240 ml Wasser verrühren, dann Kakaopulver und gemahlene Mandeln gründlich unterrühren. Mehl und Backpulver zugeben und alles zu einem glatten Teig verarbeiten. Wer möchte, hebt jetzt noch Schokotropfen unter.

2 Eine Springform (Ø18 cm) mit Backpapier auskleiden. Den Teig einfüllen und 45 Minuten backen. Vor dem Servieren abkühlen lassen.

EXTRATIPP:
Ersetze das Mehl für eine glutenfreie Version durch 50 g Buchweizenmehl.

SINGLE-SCHOKOKUCHEN

Für 1 Person

VORBEREITUNG: 10 MIN / BACKZEIT: 10 MIN

ZUTATEN

- 15 G VOLLROHRZUCKER
- 25 G GEM. MANDELN
- 5 G KAKAOPULVER
- 5 G BUCHWEIZENMEHL
- 1 PRISE SPEISENATRON

1 Den Backofen auf 200 °C vorheizen. Den Zucker mit 30 ml Wasser verrühren, dann langsam gemahlene Mandeln, Kakao, Mehl und Natron unterarbeiten, bis ein glatter Teig entsteht.

2 Eine Portionsform mit Backpapier auskleiden. Den Teig einfüllen und 10 Minuten backen. Abkühlen lassen und genießen.

EXTRATIPP:
Für eine Luxusvariante zusätzlich Schokotropfen unter den Teig rühren.

VARIANTE

LAVAKUCHEN

Für 2 Personen

VORBEREITUNG: 10 MIN / BACKZEIT: 10–13 MIN

ZUTATEN

- 30 G VOLLROHRZUCKER
- 25 G ÖL
- 10 G KAKAOPULVER
- 30 G WEIZEN- ODER DINKELMEHL
- 1 PRISE SPEISENATRON

1 Den Backofen auf 200 °C vorheizen. Den Zucker mit 60 ml Wasser verrühren, dann langsam Öl, Kakao, Mehl und Natron zugeben und alles zu einem glatten Teig verarbeiten.

2 2 Förmchen mit Backpapier auskleiden, den Teig hineinfüllen und 10–13 Minuten backen. Das Innere soll noch flüssig sein. Vor dem Servieren abkühlen lassen.

EXTRATIPP:
Damit der flüssige Kern schön cremig wird, werden für dieses Rezept keine Mandeln verwendet. Du kannst in die Mitte jedes Küchleins noch ein Stück Schokolade drücken.

NORMANNISCHE APFELTARTE

Für 9–10 Personen

VORBEREITUNG: 40 MIN / BACKZEIT: 35 MIN

ZUTATEN

- 1 PORTION VEGANER MÜRBETEIG
- 500 G ÄPFEL
- 250 G SEIDENTOFU, GLATT GERÜHRT
- 40 G HELLES MANDELMUS ODER CASHEWBUTTER
- 1 EL CALVADOS, ALTERNATIV RUM
- 40 G GEM. MANDELN
- 90 G XYLIT ODER WEISSER ZUCKER
- VANILLE
- 1 PRISE SALZ
- 1 HANDVOLL GEHOBELTE MANDELN

1 Den Backofen auf 200 °C vorheizen. Eine Tarteform mit dem Mürbeteig auslegen. Den Teig mehrmals mit einer Gabel einstechen.

2 Die Äpfel waschen, dann mit oder ohne Schale in dünne Scheiben schneiden. Leicht überlappend auf dem Teig verteilen.

3 Seidentofu und Nussbutter in einer Schüssel verrühren, dann Calvados, gemahlene Mandeln, Xylit oder Zucker, Vanille und Salz unterrühren. Die Mischung über die Äpfel gießen, mit Mandelblättchen bestreuen und das Ganze 35 Minuten backen.

EXTRATIPP:
Bestreue den rohen Mürbeteig vor dem Belegen mit gemahlenen Mandeln, damit er sich nicht mit dem Saft der Äpfel vollsaugt.

ROSINEN-SCHNECKEN

Für 3–4 Stück

VORBEREITUNG: 40 MIN / RUHEZEIT: 3 STD 45 MIN BIS 6 STD 45 MIN / BACKZEIT: 15 MIN

ZUTATEN

FÜR DEN TEIG

- 1 GESTR. EL TROCKENHEFE
- 25 G AGAVENDICKSAFT
- 35 G SEIDENTOFU
- 160 G WEIZEN- ODER DINKELMEHL
- 2 G SALZ
- 30 G ÖL

FÜR DIE FÜLLUNG

- 60 G ROSINEN
- 5 G WEIZEN- ODER DINKELMEHL
- 15 G AGAVENDICKSAFT
- 1 SCHUSS RUM
- VANILLE
- 20 G HELLES MANDELMUS ODER CASHEWBUTTER
- 50 G SEIDENTOFU

ZUM BESTREICHEN

- 2 EL AGAVENDICKSAFT
- 1 EL PFLANZLICHER NATURJOGHURT

1 Für den Teig die Hefe mit dem Agavendicksaft und 50 ml lauwarmem Wasser verrühren. 15 Minuten beiseite stellen.

2 Den Knethaken in die Küchenmaschine einsetzen. Hefeansatz, Seidentofu, Mehl und Salz in die Schüssel geben und alles 5 Minuten kneten. 1 Minute warten, dann das Öl zufügen und den Teig weitere 5 Minuten kneten.

3 Den Teig in eine Schüssel legen und abgedeckt an einem warmen, trockenen Platz 3–6 Stunden ruhen lassen, bis er sein Volumen verdoppelt hat.

4 Für die Füllung die Rosinen in Wasser einweichen. Mehl, Agavendicksaft, Rum, Vanille und Mandelmus verrühren, dann den durchgerührten Seidentofu untermischen. In den Kühlschrank stellen.

5 Den Teig kurz zusammendrücken, damit Gase entweichen können, dann in 3 oder 4 Stücke schneiden. Jede Teigportion zwischen den Händen zu einem Strang rollen. Den Strang etwas flacher drücken, mit abgetropften Rosinen und Mandelcreme bestreichen und zur Schnecke aufrollen. Abgedeckt nochmals 30 Minuten ruhen lassen.

6 Den Backofen auf 180 °C vorheizen. Agavendicksaft und Joghurt verrühren und die Schnecken damit bestreichen. 15 Minuten backen.

EXTRATIPP:
Statt Seidentofu kannst du auch Sojajoghurt verwenden.

FINANCIERS (MANDEL-KÜCHLEIN)

3 HAUPT-ZUTATEN

Für 6–8 Stück

VORBEREITUNG: 15 MIN / BACKZEIT: 15–20 MIN

ZUTATEN

- 60 G AGAVENDICKSAFT
- VANILLE
- 1 PRISE SALZ
- 60 G HELLES MANDELMUS
- 60 G GEM. MANDELN
- 70 G WEIZEN- ODER DINKELMEHL
- 1 GEH. EL BACKPULVER

1 Den Backofen auf 180 °C vorheizen. Agavendicksaft, Vanille, Salz, Mandelmus und gemahlene Mandeln verrühren. Unter ständigem Rühren langsam 120 ml Wasser zugießen, dann Mehl und Backpulver zugeben und alles zu einem glatten Teig verarbeiten.

2 Financierförmchen mit Backpapier auskleiden, den Teig einfüllen und 15–10 Minuten backen. Abkühlen lassen, dann aus der Form nehmen.

EXTRATIPP: Statt Financierförmchen eignen sich auch Muffinformen oder Minibrotformen.

GUTE BEKANNTE

ERDNUSSRIEGEL

Schmecken wie Snickers®

Für 3 Stück

ZUBEREITUNG: 25 MIN

ZUTATEN

- 35 G KUVERTÜRE
- 10 G HELLES MANDELMUS ODER CASHEWBUTTER
- 35 G ERDNUSSBUTTER (UNGEZUCKERT)
- 35 G KOKOSSIRUP
- 30 G GEM. MANDELN
- 25 G HAFERMEHL (ODER ZERKLEINERTE, GESIEBTE HAFERFLOCKEN)
- 15 G GEHACKTE ERDNÜSSE

1. Die Schokolade im heißen Wasserbad oder 1 Minute in der Mikrowelle schmelzen.
2. Mandelmus, 10 g Erdnussbutter, 15 g Kokossirup, 10 g gemahlene Mandeln und das Hafermehl verrühren.
3. Aus dem Teig 3 Stränge formen: 4 cm lang, 1 cm breit, 5 mm dick.
4. Die restlichen Mengen Erdnussbutter, Kokossirup und gemahlene Mandeln verrühren. Die gehackten Erdnüsse untermischen, dann diese Mischung auf die Teigstränge verteilen und glatt streichen.
5. Die Riegel dünn mit Kuvertüre überziehen und diese vor dem Servieren erstarren lassen.
6. Die Riegel in einem luftdicht schließenden Behälter aufbewahren.

EXTRATIPP:
Die Kuvertüre lässt sich besser verstreichen, wenn du noch 5 g Kokosöl unterrührst.

CREMIGE ERDNUSSBISSEN

Schmecken wie Reese's®

3 HAUPT-ZUTATEN

Für 3–4 Stück

ZUBEREITUNG: 20 MIN / RUHEZEIT: 1 STD

ZUTATEN

- 40 G KOKOSSIRUP
- 60 G ERDNUSSBUTTER (OHNE ZUCKER)
- 25 G KUVERTÜRE

1. Kokossirup und Erdnussbutter in einer Schüssel verrühren, bis eine homogene Masse entsteht.
2. Die Masse in 3–4 Muffinformen geben und zum Festwerden 1 Stunde ins Gefriergerät stellen.
3. Nach 45 Minuten die Kuvertüre im heißen Wasserbad oder 1 Minute in der Mikrowelle schmelzen.
4. Die Erdnussmasse mit einer dünnen Schicht Kuvertüre überziehen und erstarren lassen.
5. In einem luftdicht schließenden Behälter können die Süßigkeiten mehrere Wochen aufbewahrt werden.

EXTRATIPP: Die Kuvertüre lässt sich leichter verstreichen, wenn du beim Schmelzen 5 g Kokosöl einrührst.

GEFÜLLTE SCHOKOPLÄTZCHEN

Schmecken wie Kango®

Für 6–8 Stück

VORBEREITUNG: 30 MIN / KÜHLZEIT: 1 STD / BACKZEIT: 10–12 MIN

ZUTATEN

- 40 G CASHEWBUTTER ODER HELLES MANDELMUS
- 60 G AGAVENDICKSAFT
- 10 G ÖL
- 40 G GEM. MANDELN
- 100 G WEIZEN- ODER DINKELMEHL
- 2 PRISEN SPEISENATRON
- 1 PRISE SALZ
- 8 EL NUSS-NUGAT-CREME

1 Cashewbutter, Agavendicksaft, Öl und gemahlene Mandeln mit 20 ml Wasser verrühren. Mehl, Natron und Salz hinzufügen und alles zu einem glatten, nicht klebrigen Teig verkneten. 1 Stunde kalt stellen. Die Schokocreme ebenfalls in den Kühlschrank stellen.

2 Den Backofen auf 180 °C vorheizen. Den Teig ausrollen und in Rechtecke von etwa 4 x 5 cm schneiden. In die Mitte der Hälfte der Rechtecke einen Teelöffel Schokocreme geben und der Länge nach leicht verstreichen. Die verbliebenen Rechtecke darauflegen und die Längskanten mit den Fingern gut zusammendrücken. 10–12 Minuten backen. Vor dem Servieren abkühlen lassen.

EXTRATIPP:
Für dieses Rezept kannst du auch dunkleres Weizen- oder Dinkelmehl verwenden (z. B. Type 1050).

KARAMELL-KEKS-RIEGEL

Schmecken wie Twix®

EXTRATIPP: Die Kuvertüre lässt sich leichter verstreichen, wenn du beim Schmelzen 5 g Kokosöl einrührst.

Für 6 Stück

VORBEREITUNG: 45 MIN / KÜHLZEIT: 1 STD / BACKZEIT: 10–12 MIN

ZUTATEN

- 30 G KOKOSSIRUP
- VANILLE
- 70 G CASHEWBUTTER ODER HELLES MANDELMUS
- 30 G AGAVENDICKSAFT
- 10 G ÖL
- 20 G GEM. MANDELN
- 25 G WEIZEN- ODER DINKELMEHL, TYPE 1050
- 25 G HAFERMEHL (ODER ZERKLEINERTE, GESIEBTE HAFERFLOCKEN)
- 1 PRISE SPEISENATRON
- 1 PRISE SALZ
- 40 G KUVERTÜRE

1 Kokossirup, Vanille und 50 g Cashewbutter in einer Schüssel zu einer glatten, nicht klebrigen Masse verarbeiten. 1 Stunde in den Kühlschrank stellen.

2 Den Backofen auf 180 °C vorheizen. Die restliche Cashewbutter mit Agavendicksaft, Öl und gemahlenen Mandeln verrühren. Beide Mehlsorten, Natron und Salz unterarbeiten und alles zu einem glatten, nicht klebrigen Teig verarbeiten.

3 Den Teig mit dem Handballen zu einem 8x6 cm großen Rechteck drücken, 5 mm dick. In 6 lange, 1 cm breite Riegel schneiden und die Ränder mit den Fingern abrunden. 10–12 Minuten backen. Vor der weiteren Verarbeitung abkühlen lassen.

4 Die Kuvertüre im heißen Wasserbad oder 1 Minute in der Mikrowelle schmelzen.

5 Die abgekühlten Keksriegel mit der kalten, formbaren Cashewcreme bestreichen. Die Ränder wieder etwas abrunden, dann mit der geschmolzenen Kuvertüre überziehen und diese erstarren lassen.

VARIANTE

SCHOKO-KEKS-RIEGEL

Schmecken wie Twix®

Für 6 Stück

VORBEREITUNG: 45 MIN / KÜHLZEIT: 1 STD / BACKZEIT: 10–12 MIN

ZUTATEN

- 30 G KOKOSSIRUP
- VANILLE
- 70 G CASHEWBUTTER ODER HELLES MANDELMUS
- 30 G VOLLROHRZUCKER
- 10 G ÖL
- 20 G GEM. MANDELN
- 40 G WEIZEN- ODER DINKELMEHL (TYPE 1050)
- 10 G KAKAOPULVER
- 1 PRISE SPEISENATRON
- 1 PRISE SALZ
- 40 G KUVERTÜRE

1 Kokossirup, Vanille und 50 g Cashewbutter zu einer glatten, nicht klebenden Masse verrühren. 1 Stunde in den Kühlschrank stellen.

2 Den Backofen auf 180 °C vorheizen. Die restliche Cashewbutter mit Zucker, Öl, gemahlenen Mandeln und 15 ml Wasser verrühren. Mehl, Kakao, Natron und Salz zufügen und alles zu einem glatten, nicht klebrigen Teig verarbeiten.

3 Den Teig mit dem Handballen zu einem 8x6 cm großen Rechteck drücken, 5 mm dick. In 6 lange, 1 cm breite Riegel schneiden und die Ränder mit den Fingern abrunden. 10–12 Minuten backen. Vor der weiteren Verarbeitung abkühlen lassen.

4 Die Kuvertüre im heißen Wasserbad oder 1 Minute in der Mikrowelle schmelzen.

5 Die abgekühlten Keksriegel mit der kalten, formbaren Cashewcreme bestreichen. Die Ränder wieder etwas abrunden, dann mit der geschmolzenen Kuvertüre überziehen und diese erstarren lassen.

MINIKUCHEN

Schmecken wie Mandise®

3 HAUPT-ZUTATEN

Für 2 Stück

VORBEREITUNG: 15 MIN / BACKZEIT: 18 MIN

ZUTATEN

- 30 G AGAVENDICKSAFT
- 35 G HELLES MANDELMUS ODER CASHEWBUTTER
- 55 G WEIZEN- ODER DINKELMEHL
- 1 TL BACKPULVER
- SCHOKOTROPFEN (NACH BELIEBEN)

1 Den Backofen auf 180 °C vorheizen. Den Agavendicksaft mit dem Mandelmus verrühren. Unter ständigem Rühren langsam 50 ml Wasser zugeben, dann Mehl und Backpulver zugeben und alles zu einem glatten Teig verarbeiten. Nach Belieben die Schokotropfen untermengen.

2 2 Portionsformen mit Backpapier auslegen, den Teig einfüllen und 18 Minuten backen. Vor dem Servieren abkühlen lassen.

EXTRATIPP:
Zusätzlich zu den Schokotropfen oder stattdessen kannst du vor dem Backen ein Stück Schokolade oder etwas Nuss-Nugat-Creme in die Mitte des Teigs geben.

VOLLKORNKEKSE

Schmecken wie Granola®

Für 8–10 Stück

VORBEREITUNG: 15 MIN / BACKZEIT: 10–12MIN

ZUTATEN

- 40 G VOLLROHRZUCKER
- 60 G HELLES MANDELMUS ODER CASHEWBUTTER
- 100 G WEIZEN- ODER DINKELMEHL (TYPE 1050)
- 2 PRISEN SPEISENATRON
- 20 G KUVERTÜRE

1 Den Backofen auf 180 °C vorheizen. Den Zucker mit dem Mandelmus verrühren, dann allmählich 20 ml Wasser hinzufügen und mit einer Gabel unterrühren. Wenn die Mischung glatt ist, Mehl und Natron einarbeiten.

2 Den Teig dünn ausrollen und 8–10 runde Plätzchen ausstechen. 10–12 Minuten backen, danach vollständig abkühlen lassen.

3 Die Kuvertüre im heißen Wasserbad oder 1 Minute in der Mikrowelle schmelzen. Die Plätzchen auf einer Seite mit der Kuvertüre bestreichen. Mit der Gabel ein Muster in die noch weiche Kuvertüre ziehen. Die Kuvertüre erstarren lassen. Die Kekse können in einer luftdicht schließenden Dose aufbewahrt werden.

EXTRATIPP:
Nussiger schmecken die Plätzchen, wenn die Glasur aus gleichen Teilen geschmolzener Kuvertüre und Nussbutter besteht.

FRÜHSTÜCKS-KEKSE

Schmecken wie Belvita®

Für 8–10 Stück

VORBEREITUNG: 15 MIN / BACKZEIT: 12 MIN

ZUTATEN

- 50 G VOLLROHRZUCKER
- 25 G TAHIN
- 25 G MANDELMUS
- 70 G GEM. MANDELN
- 70 G VOLLKORNWEIZEN- ODER DINKELMEHL
- 50 G HAFERMEHL (ODER ZERKLEINERTE, GESIEBTE HAFERFLOCKEN)
- 2 PRISEN SPEISENATRON
- 30 G BUCHWEIZENGRÜTZE

1 Den Backofen auf 200 °C vorheizen. Zucker, Tahin und Mandelmus verrühren, dann langsam 50 ml Wasser zufügen und mit einer Gabel unterrühren. Sobald die Masse glatt ist, gemahlene Mandeln und beide Mehle und Natron untermischen. Zuletzt die Buchweizengrütze unterarbeiten.

2 Mit den Händen aus dem Teig 8–10 ovale bis rechteckige Plätzchen formen. 12 Minuten backen, dann ganz abkühlen lassen. In einem luftdicht schließenden Behälter aufbewahren.

EXTRATIPP: Für Schokoladenplätzchen ersetzt du die Mehle durch 85 g Hafermehl und 15 g Kakaopulver.

SCHWEDISCHE HAFERPLÄTZCHEN

Für 4–5 Stück

VORBEREITUNG: 20 MIN / BACKZEIT: 10 MIN

ZUTATEN

- 60 G MANDELMUS
- 40 G VOLLROHRZUCKER
- 20 G ÖL
- 90 G HAFERMEHL (ODER ZERKLEINERTE, GESIEBTE HAFERFLOCKEN)
- 20–25 G KUVERTÜRE

1. Den Backofen auf 180 °C vorheizen. Mandelmus, Zucker und Öl mit einem Schneebesen glatt rühren. Das Hafermehl zugeben und alles zu einem geschmeidigen Teig verarbeiten.
2. Den Teig 1 – 2 mm dick ausrollen und 8 – 10 Kreise ausstechen. Die Oberflächen und Ränder mit den Fingern glätten. Die Plätzchen 10 Minuten backen, dann ganz abkühlen lassen.
3. Die Kuvertüre im heißen Wasserbad oder 1 Minute in der Mikrowelle schmelzen.
4. Jeweils 2 Plätzchen mit etwas Kuvertüre zusammensetzen.

EXTRATIPP:
Die Kuvertüre lässt sich durch Nuss-Nugat-Creme ersetzen.

VARIANTE

HAFERPLÄTZCHEN MIT KAKAO

Für 4–5 Stück

VORBEREITUNG: 20 MIN / BACKZEIT: 10 MIN

ZUTATEN

- 60 G MANDELMUS
- 40 G VOLLROHRZUCKER
- 15 G ÖL
- 80 G HAFERMEHL (ODER ZERKLEINERTE, GESIEBTE HAFERFLOCKEN)
- 15 G KAKAOPULVER
- 20–25 G KUVERTÜRE

1 Den Backofen auf 180 °C vorheizen. Mandelmus, Zucker und Öl mit 20 ml Wasser glatt rühren. Hafermehl und Kakao zugeben und alles zu einem geschmeidigen Teig verarbeiten.

2 Den Teig 1–2 mm dick ausrollen und 8–10 Kreise ausstechen. Die Oberflächen und Ränder mit den Fingern glätten. Die Plätzchen 10 Minuten backen, dann ganz abkühlen lassen.

3 Die Kuvertüre im heißen Wasserbad oder 1 Minute in der Mikrowelle schmelzen.

4 Jeweils 2 Plätzchen mit etwas Kuvertüre zusammensetzen.

EXTRATIPP: Du kannst die Kuvertüre durch stückige Erdnussbutter ersetzen (siehe S. 70).

FRUCHTIGE KEKSE

Schmecken wie Jaffa Cake®

Für 12 Stück

VORBEREITUNG: 25 MIN / BACKZEIT: 10–12MIN

ZUTATEN

- 30 G AGAVENDICKSAFT
- 70 G APFELMUS OHNE ZUCKERZUSATZ
- 40 G GEM. MANDELN
- 120 G WEIZEN- ODER DINKELMEHL
- 1 TL BACKPULVER
- 25 G OLIVENÖL
- 12 TL KONFITÜRE NACH WAHL
- 40 G KUVERTÜRE
- 5 G KOKOSÖL

1. Den Backofen auf 180 °C vorheizen. Agavendicksaft, Apfelmus und gemahlene Mandeln verrühren, dann Mehl, Backpulver und Olivenöl hinzufügen und alles zu einem leicht klebrigen Teig verarbeiten.
2. Den Teig in 12 Muffinmulden füllen und 10–12 Minuten backen. Ganz abkühlen lassen.
3. Kuvertüre und Kokosöl im heißen Wasserbad oder 1 Minute in der Mikrowelle schmelzen.
4. Auf jeden Muffinboden 1 TL Konfitüre geben, dann die Oberfläche mit der Kuvertüre überziehen. Die Kuvertüre vor dem Servieren erstarren lassen.

EXTRATIPP:
Du kannst die Keksböden auch mit dunklerem Weizen- oder Dinkelmehl backen.

MARMOR-KUCHEN

Für 6–8 Personen

VORBEREITUNG: 25 MIN / BACKZEIT: 45 MIN

ZUTATEN

- 150 G AGAVENDICKSAFT
- 50 G CASHEWBUTTER ODER HELLES MANDEL-MUS
- 100 G PFLANZLICHER NATURJOGHURT
- 200 G GEM. MANDELN
- 2 GEH. EL BACKPULVER
- VANILLE
- 1 PRISE SALZ
- 145 G WEIZEN- ODER DINKELMEHL
- 25 G KAKAOPULVER

1 Den Backofen auf 180 °C vorheizen. In 2 Rührschüsseln je die Hälfte von Agavendicksaft, Cashewbutter, Joghurt, gemahlenen Mandeln und Backpulver geben und mit 100 ml Wasser glatt rühren. Vanille und Salz unterrühren.

2 Für den hellen Teig in eine der Schüsseln 85 g Mehl geben und verrühren. Für den Schokoladenteig in die andere Schüssel 60 g Mehl und den Kakao geben und ebenfalls verrühren.

3 Eine Kastenform mit Backpapier auskleiden. Die Hälfte des hellen Teigs hineingeben, dann die Hälfte des dunklen Teigs. Den restlichen hellen Teig und danach den dunklen Teig einfüllen. 45 Minuten backen. Der Kuchen ist gar, wenn an einem eingestochenen Stäbchen kein Teig mehr haftet. Vor dem Servieren abkühlen lassen.

EXTRATIPP:
Du kannst aus dem Teig auch 8–10 Minikuchen backen. Dann beträgt die Garzeit nur 20 Minuten.

MILLIONAIRE'S SHORTBREAD

Für 5–6 Stücke

ZUBEREITUNG: 20 MIN / KÜHLZEIT: 1 STD

ZUTATEN

- 40 G KUVERTÜRE
- 30 G KOKOSSIRUP
- 30 G CASHEWBUTTER
- 15 G GEM. MANDELN
- 50 G HAFERMEHL (ODER ZERKLEINERTE, GESIEBTE HAFERFLOCKEN)
- 40 G HELLES MANDELMUS
- 45 G ERDNUSSBUTTER OHNE ZUCKER
- 20 G AHORNSIRUP
- 1 PRISE SALZ

1. Die Kuvertüre im heißen Wasserbad oder 1 Minute in der Mikrowelle schmelzen.
2. Kokossirup und Cashewbutter verrühren, dann gemahlene Mandeln und Hafermehl zufügen.
3. Eine eckige Form (15 x 10 cm) mit Backpapier auslegen. Den Teig einfüllen, glatt streichen und gut andrücken.
4. Mandelmus, Erdnussbutter und Ahornsirup zu einer glatten Masse verrühren, die sich vom Schüsselboden löst. Auf dem Teig verstreichen, dann alles mit der geschmolzenen Kuvertüre überziehen.
5. In Stücke schneiden, sobald die Schokolade fest wird. Danach mindestens 1 Stunde in den Kühlschrank stellen.
6. In einem luftdicht schließenden Behälter können die Köstlichkeiten mehrere Wochen im Kühlschrank aufbewahrt werden.

EXTRATIPP:
Nach Belieben den Teig mit Karamell zuerst in Stücke schneiden und diese dann komplett in Kuvertüre tauchen.

BLITZ-REZEPTE

HAFERRIEGEL

Für 2 Stück

3 HAUPT-ZUTATEN

VORBEREITUNG: 25 MIN /
KÜHLZEIT: 2 STD (NACH BELIEBEN)

ZUTATEN

- 30 G KOKOSSIRUP
- 35 G HELLES MANDELMUS ODER ERDNUSSBUTTER OHNE ZUCKER
- 45 G ZARTE HAFERFLOCKEN

1 Kokossirup und Mandelmus verrühren, dann die Haferflocken zugeben und alles sorgfältig mischen.

2 Sobald sich die Masse von der Schüssel löst, mit den Händen 2 Riegel daraus formen.

3 Sofort servieren oder zum Festwerden 2 Stunden in den Kühlschrank stellen.

4 In einer luftdicht schließenden Dose halten sich die Riegel im Kühlschrank mehrere Wochen.

EXTRATIPP:
Wer möchte, verziert die Riegel noch mit geschmolzener Schokolade.

HAGELZUCKER-KUCHEN

Für 4 Personen

VORBEREITUNG: 15 MIN / BACKZEIT: 20 MIN

ZUTATEN

- 30 G AGAVENDICKSAFT
- 30 G MANDELMUS ODER CASHEWBUTTER
- 30 G SOJAJOGHURT
- 130 G WEIZEN- ODER DINKELMEHL
- 1 GEH. TL BACKPULVER
- HAGELZUCKER

ZUM BESTREICHEN

- 2 EL AGAVENDICKSAFT
- 1 EL PFLANZLICHER NATURJOGHURT

1 Den Backofen auf 180 °C vorheizen. Agavendicksaft, Mandelmus und Joghurt glatt rühren, dann unter ständigem Rühren langsam 50 ml Wasser hinzufügen. Mehl und Backpulver untermischen.

2 Eine Springform (Ø 18 cm) mit Backpapier auskleiden und den leicht klebrigen Teig hineinfüllen. Agavendicksaft und Joghurt verrühren und den Teig mit dieser Mischung bestreichen. Mit dem Hagelzucker bestreuen und 20 Minuten backen. Den Kuchen abkühlen lassen, dann sofort servieren.

EXTRATIPP:
Wer möchte, rührt vor dem Backen noch gehackte Schokolade unter den Teig.

ENGLISH MUFFINS

Für 2 Stück

3 HAUPT-ZUTATEN

VORBEREITUNG: 15 MIN / BACKZEIT: 10–16 MIN

ZUTATEN

- 10 G ÖL + ETWAS MEHR FÜR DIE PFANNE
- 70 G SOJAJOGHURT
- 100 G WEIZEN- ODER DINKELMEHL
- 1 GESTR. TL BACKPULVER
- 1 PRISE SALZ
- 1 PRISE SPEISENATRON (NACH BELIEBEN)
- 1 TL APFELESSIG (NACH BELIEBEN)
- GEM. MANDELN

1 Eine Pfanne leicht einölen und auf mittlerer Stufe erhitzen.

2 Den Joghurt in eine Schüssel geben. Langsam das Öl unterrühren, dann Mehl, Backpulver und Salz unterarbeiten. Damit die Muffins besonders locker werden, kannst du 1 Prise Speisenatron und 1 TL Apfelessig hinzufügen.

3 Die Zutaten zu einem glatten, leicht klebrigen Teig verarbeiten. Mit feuchten Händen aus dem Teig 4 flache Fladen mit Ø 7–10 cm formen. Jeweils 2 Fladen aufeinanderlegen und die Ränder glätten. Das geht am besten mit einer runden Ausstechform.

4 Die Muffins in gemahlenen Mandeln wälzen, dann in der heißen Pfanne von jeder Seite 5–8 Minuten backen, bis sie goldbraun sind. Abkühlen lassen, dann wie Brötchen süß oder herzhaft belegen und servieren.

EXTRATIPP:
Etwas süßlicher schmecken die English Muffins, wenn du den Joghurt ganz oder teilweise durch Apfelmus ersetzt.

and Mr. Cran-
en, they think they don't want
a 2016 Patek Philippe
Mou contributed report-

PAIN AU CHOCOLAT AUS DER MIKROWELLE

Für 1 Stück

3 HAUPTZUTATEN

VORBEREITUNG: 10 MIN / GARZEIT: 50 SEK / RUHEZEIT: 10 MIN

ZUTATEN

- 50 G WEIZEN- ODER DINKELMEHL
- 1/2 TL BACKPULVER
- 35 G SOJAJOGHURT
- 2 RIEGEL SCHOKOLADE

1 Mehl und Backpulver mischen, dann den Sojajoghurt unterrühren.

2 Die Zutaten zu einem glatten Teig verkneten und auf einem Stück Backpapier mit den Handballen zu einem Rechteck formen, das so breit ist wie die Schokoladenriegel lang sind.

3 Eine Schokoladenriegel in 1 cm Abstand zur Kante auf den Teig legen. Den Teig aufrollen, bis die Schokolade ganz umhüllt ist. Dann den zweiten Schokoladenriegel auflegen und den Teig vollständig aufrollen.

4 Die Teigoberfläche mit etwas Wasser bestreichen, dann das Brötchen auf einem Stück Backpapier 50 Sekunden in der Mikrowelle garen. 10 Minuten abkühlen lassen, dann sofort genießen, solange es noch weich ist.

EXTRATIPP:
Du kannst das Schokobrötchen statt in der Mikrowelle auch im vorgeheizten Backofen bei 180 °C 15 Minuten backen. Am besten vorher mit einer Mischung aus Sojajoghurt und Agavendicksaft bestreichen.

VARIANTE

SCHOKO-BRÖTCHEN AUS DEM OFEN

3 HAUPT-ZUTATEN

Für 3 Stück

VORBEREITUNG: 10 MIN / WARTEZEIT: 3 STD 45 MIN / BACKZEIT: 10–12MIN

ZUTATEN

- 1 TL TROCKENHEFE
- 130 G WEIZEN- ODER DINKELMEHL
- 35 G ÖL
- 1 PRISE SALZ (NACH BELIEBEN)
- 6 RIEGEL SCHOKOLADE

ZUM BESTREICHEN

- 2 EL AGAVENDICKSAFT
- 1 EL PFLANZLICHER NATURJOGHURT

INFO: Diese Brötchen sind herrlich luftig und weich, weil sie mit Hefe zubereitet werden.

1 Den Knethaken in die Küchenmaschine einsetzen. Die Hefe darin mit 50 ml lauwarmem Wasser verrühren. 15 Minuten ruhen lassen.

2 Mehl und Öl sowie nach Belieben etwas Salz zufügen und den Teig 5 Minuten kneten. 1 Minute warten, dann nochmals 5 Minuten kneten. Den Teig in der abgedeckten Schüssel 3 Stunden an einem warmen, trockenen Platz gehen lassen, bis er sein Volumen verdoppelt hat.

3 Den Teig zusammendrücken, dann 5 mm dick ausrollen und 3 Rechtecke vorbereiten, die so breit sind wie die Schokoladenriegel lang sind. Einen Schokoladenriegel in 1 cm Abstand zur Kante auf den Teig legen. Den Teig aufrollen, bis die Schokolade ganz umhüllt ist. Dann den zweiten Schokoladenriegel auflegen und den Teig vollständig aufrollen. Die Brötchen abgedeckt weitere 30–45 Minuten ruhen lassen.

4 Den Backofen auf 200 °C vorheizen. Agavendicksaft und Joghurt verrühren, die Brötchen damit einpinseln und 10–12 Minuten backen. Etwas abkühlen lassen und frisch servieren.

TASSENKUCHEN

Für 1 Person

3 HAUPT-ZUTATEN

VORBEREITUNG: 10 MIN /
GARZEIT: 2 MIN / WARTEZEIT: 10 MIN

ZUTATEN

- 20 G GEM. MANDELN
- ZIMT
- VANILLE
- 1 PRISE SALZ
- 100 G APFELMUS OHNE ZUCKERZUSATZ
- 20 G BUCHWEIZENMEHL
- 1/2 TL BACKPULVER
- 1 PRISE SPEISENATRON (NACH BELIEBEN)
- 1 ZUSÄTZLICHER TL BACKPULVER (NACH BELIEBEN)
- SCHOKOTROPFEN ODER ROSINEN (NACH BELIEBEN)

1 Gemahlene Mandeln, Gewürze und Salz mit dem Apfelmus verrühren, dann Mehl und Backpulver unterarbeiten. Der Kuchen wird besonders locker, wenn du zusätzlich 1 Prise Speisenatron und noch 1 TL Backpulver zugibst. Schokotropfen oder Rosinen nach Belieben untermischen.

2 Den Teig in eine große Tasse geben, die Oberfläche glatt streichen und den Kuchen 2 Minuten in der Mikrowelle garen. 10 Minuten abkühlen lassen, dann sofort genießen.

EXTRATIPP: Du kannst den Teig auch mit 30 g Vollkorndinkelmehl und nur 65 g Apfelmus zubereiten. Die Garzeit beträgt dann 1 Minute.

SCHÜSSEL-KUCHEN MIT ZIMT

Für 1 Person

VORBEREITUNG: 10 MIN / GARZEIT: 1 MIN / WARTEZEIT: 15 MIN

ZUTATEN

- 65 G APFELMUS OHNE ZUCKERZUSATZ
- 10 G HELLES MANDELMUS ODER CASHEWBUTTER
- 60 G WEIZEN- ODER DINKELMEHL
- 1 TL BACKPULVER
- 1 EL VOLLROHRZUCKER
- ZIMT

1 Apfelmus und Mandelmus verrühren. Mehl und Backpulver zugeben und gründlich unterrühren.

2 Den Teig in eine kleine ofenfeste Schale füllen, mit Zucker und Zimt bestreuen und 1 Minute in der Mikrowelle garen. 15 Minuten abkühlen lassen, dann sofort servieren, solange der Kuchen noch saftig ist.

EXTRATIPP:
Du kannst den Kuchen auch bei 165 °C im Ofen 25 Minuten backen.

GEFÜLLTE BRIOCHETTES

Für 2 Stück

VORBEREITUNG: 15 MIN / BACKZEIT: 15 MIN

ZUTATEN

- 10 G AGAVENDICKSAFT
- 20 G HELLES MANDELMUS
- 70 G SOJAJOGHURT
- 100 G WEIZEN- ODER DINKELMEHL
- 1 TL BACKPULVER
- 6–8 STÜCKE SCHOKOLADE

ZUM BESTREICHEN

- 2 TL AGAVENDICKSAFT
- 1 TL PFLANZLICHER NATURJOGHURT

1 Den Backofen auf 180 °C vorheizen. Agavendicksaft, Mandelmus und Joghurt glatt rühren, dann Mehl und Backpulver hinzufügen und alles zu einem geschmeidigen, nicht klebrigen Teig verarbeiten.

2 Den Teig vierteln. Je 3–4 Stücke Schokolade zwischen 2 Teigstücke legen, dann den Teig mit den Händen zur Kugel formen.

3 Agavendicksaft und Joghurt verrühren, die Teigkugeln damit bestreichen und 15 Minuten backen. Abkühlen lassen, dann sofort servieren, solange sie noch saftig sind.

EXTRATIPP:
Du kannst die Schokolade durch Nuss-Nugat-Creme ersetzen.

BROWNIE OHNE BACKEN

Für 1 Person

VORBEREITUNG: 15 MIN / KÜHLZEIT: 2H (NACH BELIEBEN)

ZUTATEN

- 15 G KOKOSSIRUP
- 30 G NUSSBUTTER ODER TAHIN
- 10 G HAFERMEHL (ODER ZERKLEINERTE, GESIEBTE HAFERFLOCKEN)
- 5 G KAKAOPULVER
- 1 PRISE SALZ
- GEHACKTE WALNUSSKERNE

1 Kokossirup und Nussbutter verrühren, dann Hafermehl, Kakao und Salz zugeben. Alles zu einem glatten Teig verarbeiten. Zuletzt die Nüsse untermischen.

2 Den Teig mit den Händen kneten, um die Nüsse gut zu verteilen. Den Teig in eine rechteckige oder quadratische Form aus Kunststoff geben und gut andrücken. Den Brownie sofort servieren oder zum Festwerden 2 Stunden in den Kühlschrank stellen.

3 In einer luftdichten Dose hält sich der Brownie im Kühlschrank mehrere Wochen.

EXTRATIPP:
Fester wird der Brownie, wenn du statt Hafermehl Kokosmehl verwendest.

MANDEL-SCHNECKEN

Für 3 Stück

VORBEREITUNG: 20 MIN / BACKZEIT: 15 MIN

ZUTATEN

- 20 G KOKOSBLÜTEN-ZUCKER
- ZIMT
- VANILLE
- 1 PRISE SALZ
- 20 G APFELMUS OHNE ZUCKERZUSATZ ODER SOJAJOGHURT
- 25 G GEM. MANDELN
- 120 G WEIZEN- ODER DINKELMEHL
- 1 TL BACKPULVER
- 25 G ÖL

ZUM BESTREICHEN

- 2 TL AGAVENDICKSAFT
- 1 TL PFLANZLICHER NATURJOGHURT

1 Den Backofen auf 180 °C vorheizen. Zucker, Gewürze, Salz, Apfelmus und gemahlene Mandeln glatt rühren.

2 50 ml Wasser in eine zweite Schüssel gießen. Mehl, Backpulver und Öl hinzufügen und alles zu einem homogenen Teig verarbeiten.

3 Den Teig dritteln. Jede Portion mit den Händen zu einem 10–15 cm langen Strang formen. Die Stränge etwas flacher drücken, mit der Mandelmischung bestreichen und schneckenförmig aufrollen. Die Schnecken mit 1 cm Abstand auf ein Backblech legen.

4 Agavendicksaft und Joghurt verrühren, die Schnecken damit bestreichen und 15 Minuten backen. Kurz abkühlen lassen, dann sofort servieren, solange sie noch weich sind.

EXTRATIPP:
Die Enden der 3 Schnecken zueinander legen, damit die Schnecken sich gegenseitig daran hindern, sich beim Backen aufzurollen.

VARIANTE

ZIMT-SCHNECKEN

Für 4 Stück

VORBEREITUNG: 20 MIN / BACKZEIT: 15 MIN

ZUTATEN

- 20 G HELLES MANDELMUS ODER CASHEWBUTTER
- 165 G WEIZEN- ODER DINKELMEHL
- 1 TL BACKPULVER
- 1 PRISE SALZ
- VANILLE
- 25 G ÖL
- 3–4 EL SOJAJOGHURT
- 2–3 EL VOLLROHR-ZUCKER
- ZIMT

ZUM BESTREICHEN

- 2 TL AGAVENDICKSAFT
- 1 TL PFLANZLICHER NATURJOGHURT

1 Den Backofen auf 180 °C vorheizen. 75 ml Wasser in eine Schüssel geben. Langsam die Mandeln einrieseln lassen und unterrühren. Mehl, Backpulver, Salz, Vanille und Öl hinzufügen und alles zu einem homogenen Teig verarbeiten.

2 Den Teig vierteln. Jede Portion mit den Händen zu einem 10–15 cm langen Strang formen. Etwas flacher drücken und die Oberfläche mit Joghurt bestreichen. Dick mit Zimt und Zucker bestreuen, dann zur Schnecke aufrollen. Die Schnecken mit 1 cm Abstand auf ein Backblech legen.

3 Agavendicksaft und Joghurt verrühren, die Schnecken damit bestreichen und 15 Minuten backen. Kurz abkühlen lassen, dann sofort servieren, solange sie noch weich sind.

EXTRATIPP:
Zur Abwechslung die Schnecken mit einer Paste aus 10 g Mehl, 20 g Puderzucker, 1 EL Öl, 1 TL Mandelmus und 50 ml Wasser bestreichen.

GESTÜRZTER SCHÜSSEL-KUCHEN

Für 1 Person

VORBEREITUNG: 10 MIN / GARZEIT: 3 MIN / WARTEZEIT: 10 MIN

ZUTATEN

- 15 G GEMAHLENE MANDELN ODER HASELNÜSSE
- 60 G APFELMUS OHNE ZUCKERZUSATZ
- 50 ML WASSER ODER PFLANZENDRINK
- 40 G HAFERFLOCKEN
- ZIMT
- ½ TL BACKPULVER
- 1 PRISE SALZ

1 Gemahlene Mandeln und Apfelmus verrühren. Nach und nach Wasser oder Pflanzendrink, Haferflocken, Zimt, Backpulver und Salz hinzufügen und alles zu einem glatten Teig verarbeiten.

2 Den Teig in eine kleine hitzebeständige Schüssel geben und auf normaler Stufe 3 Minuten in der Mikrowelle garen. Den Kuchen auf einen kleinen Teller stürzen, etwa 10 Minuten abkühlen lassen und servieren.

EXTRATIPP:
Je kleiner die Schüssel, desto leichter lässt sich der Kuchen stürzen. Er enthält kein Süßungsmittel, kann aber mit frischem Obst, Trockenfrüchten oder einem Spritzer Sirup serviert werden.

if hospitals run out of
as they did in Wu-
Donald G. McNeil Jr. contributed report-
ing from New York. Zoe Mou contributed
research from Beijing.
think zero is zero."
School of Public Health.

SCHOKO-TASSENKUCHEN

3 HAUPT-ZUTATEN

Für 1 Person

VORBEREITUNG: 10 MIN / GARZEIT: 2 MIN / WARTEZEIT: 10 MIN

ZUTATEN

- 20 G GEM. MANDELN
- 5 G KAKAOPULVER
- 65 G APFELMUS OHNE ZUCKERZUSATZ
- 20 G HAFERMEHL (ODER ZERKLEINERTE, GESIEBTE HAFERFLOCKEN)
- 1/2 TL BACKPULVER
- 1 PRISE SPEISENATRON (NACH BELIEBEN)
- 1 TL APFELESSIG (NACH BELIEBEN)
- 1 HANDVOLL SCHOKOTROPFEN

1 Gemahlene Mandeln, Kakao und Apfelmus verrühren, dann Mehl und Backpulver untermischen. Der Kuchen wird mit zusätzlich 1 Prise Speisenatron und 1 EL Apfelessig besonders locker. Alle Zutaten zu einem glatten Teig verrühren, dann die Schokotropfen untermengen.

2 Den Teig in eine kleine Schüssel füllen und die Oberfläche glätten. 2 Minuten in der Mikrowelle auf Aufwärmstufe garen. 10 Minuten abkühlen lassen, dann sofort verzehren.

EXTRATIPP:
Statt mit Hafermehl mit Weizen- oder Dinkelvollkornmehl zubereiten.

SCHNELLER ZOPF

Für 4 Personen

3 HAUPT-ZUTATEN

VORBEREITUNG: 20 MIN / BACKZEIT: 25 MIN

ZUTATEN

- 160 G SOJAJOGHURT
- 20 G ÖL
- 2 PRISEN SALZ
- 140 G WEIZEN- ODER DINKELMEHL
- 40 G KICHERERBSENMEHL ODER 60 G WEIZEN- ODER DINKELMEHL
- 1 EL BACKPULVER

ZUM BESTREICHEN

- 2 TL AGAVENDICKSAFT
- 1 TL PFLANZLICHER NATURJOGHURT

1 Den Backofen auf 180 °C vorheizen. Joghurt, Öl und Salz verrühren, dann die Mehle und das Backpulver hinzufügen.

2 Alles zu einem Teig verkneten und diesen dritteln. Jede Portion mit den Händen zu einem Strang von Ø 1 cm formen. Die Stränge an einem Ende zusammendrücken, dann zum Zopf flechten, ohne sie dabei zu dehnen. Die anderen Enden ebenfalls zusammendrücken.

3 Agavendicksaft und Joghurt verrühren, den Zopf damit bestreichen und 25 Minuten backen. Lauwarm schmeckt der Zopf besonders gut.

EXTRATIPP:
Wer möchte, kann den Teig süßen, mit Schokotropfen oder Trockenfrüchten verfeinern oder auch leicht salzen.

BESON-
DERES

SAFTIGE MÜSLIRIEGEL

Für 4 Personen

VORBEREITUNG: 20 MIN / BACKZEIT: 25 MIN

ZUTATEN

- 20 G VOLLROHRZUCKER
- 35 G APFELMUS OHNE ZUCKERZUSATZ
- ZIMT
- VANILLE
- 1 PRISE SALZ
- 50 G GEM. MANDELN
- 60 G HAFERFLOCKEN
- 1 GESTR. TL BACKPULVER
- 1 HANDVOLL GEHACKTE ÖLSAATEN
- 1 HANDVOLL ROSINEN UND/ODER GANZE MANDELN

1 Den Backofen auf 180 °C vorheizen. Zucker, Apfelmus, Gewürze und Salz mit 50 ml Wasser glatt rühren. Gemahlene Mandeln, Haferflocken und Backpulver hinzufügen. Gut verrühren, dann Ölsaaten und Rosinen untermischen.

2 Eine Backform (12 x 13 cm) mit Backpapier auslegen. Den Teig hineinfüllen, glatt streichen und 25 Minuten backen. Ganz abkühlen lassen, dann aus der Form nehmen und in 4 Riegel schneiden.

EXTRATIPP:
Alternativ den Teig in Ramequin-Förmchen oder Backringen 20 Minuten backen.

VEGANER KÄSEKUCHEN

3 HAUPT-ZUTATEN

Für 6–7 Personen

VORBEREITUNG: 25 MIN / BACKZEIT: 45–50 MIN / KÜHLZEIT: 2 STD

ZUTATEN

- 120 G VOLLKORNKEKSE
- 320 G + 4 EL SEIDENTOFU, GLATT GERÜHRT
- 120 G + 1 GEH. EL ERDNUSSBUTTER OHNE ZUCKER
- 80 G AGAVENDICKSAFT
- VANILLE

1 Den Backofen auf 180 °C vorheizen. Eine Springform (Ø 18 cm) mit Backpapier auslegen. Für den Boden die Kekse zerbröseln und mit 4 EL Seidentofu und 1 EL Erdnussbutter verrühren. Die Mischung fest auf den Boden der Form drücken.

2 Alle übrigen Zutaten mit einem Schneebesen oder Handmixer glatt rühren. Die Mischung auf den Boden gießen und 45–50 Minuten backen. Abkühlen lassen, dann vor dem Servieren noch 2 Stunden in den Kühlschrank stellen.

INFO:
Dies ist eine vegane Variante eines Flans oder eines Käsekuchens mit Erdnussgeschmack.

BROWNIES OHNE MEHL

Für 5–6 Personen

VORBEREITUNG: 25 MIN / BACKZEIT: 20–30 MIN

ZUTATEN

- 75 G ZARTE HAFERFLOCKEN
- 70 G VOLLROHRZUCKER
- 90 G APFELMUS OHNE ZUCKERZUSATZ
- 80 G GEM. MANDELN
- 30 G KAKAOPULVER
- 1 GESTR. EL BACKPULVER
- 2 HANDVOLL GEMISCHTE NUSSKERNE

1 Den Backofen auf 180 °C vorheizen. Die Haferflocken mit 120 ml Wasser übergießen, dann Zucker und Apfelmus zugeben und gut umrühren. Gemahlene Mandeln, Kakao und Backpulver hinzufügen und alles zu einem glatten Teig verarbeiten. Die Nüsse grob hacken und untermischen.

2 Eine Backform oder Portionsförmchen mit Backpapier auskleiden. Den Teig hineinfüllen und 30 Minuten (große Form) oder 20 Minuten (Portionsförmchen) backen. Vor dem Servieren abkühlen lassen.

EXTRATIPP:
Nach Belieben noch gehackte Schokolade unter den Teig heben.

KICHERERBSEN-KONFEKT

Für 4 Personen

VORBEREITUNG: 20 MIN / KÜHLZEIT: MINDESTENS 1 STD

ZUTATEN

- 100 G GEGARTE KICHERERBSEN (KONSERVE)
- 45 G HAFERMEHL (ODER ZERKLEINERTE, GESIEBTE HAFERFLOCKEN)
- 40 G KOKOSSIRUP
- 25 G MANDELMUS ODER CASHEWBUTTER
- 25 G ERDNUSSBUTTER OHNE ZUCKER
- VANILLE
- 1 PRISE SALZ
- SCHOKOTROPFEN

1 Die Kichererbsen abspülen, abtropfen lassen und im Mixer grob zerkleinern. Den Knethaken in die Küchenmaschine einsetzen. Alle Zutaten außer den Schokotropfen in der Küchenmaschine zu einem glatten Teig verarbeiten. Danach die Schokotropfen unterheben.

2 Mit feuchten Händen Kugeln aus der Masse formen. Sofort servieren oder vorher zum Festwerden 1–2 Stunden in den Kühlschrank stellen. Alternativ die Masse in eine eckige Form (12 x 12 cm) geben, kühlen und zum Servieren in 4 Quadrate schneiden.

EXTRATIPP: Wer es noch seidiger mag, püriert die Kichererbsen mit dem Kokossirup.

VARIANTE

KICKERS

Für 2 Riegel

ZUBEREITUNG: 20 MIN / KÜHLZEIT: 1 STD

ZUTATEN

- 40 G GEGARTE KICHERERBSEN (KONSERVE)
- 15 G KUVERTÜRE
- 35 G ERDNUSSBUTTER OHNE ZUCKER
- 25 G KOKOSSIRUP
- VANILLE
- 1 PRISE SALZ
- 15 G GROB GEHACKTE ERDNUSSKERNE
- 10 G HAFERMEHL (ODER ZERKLEINERTE, GESIEBTE HAFERFLOCKEN)

1 Die Kichererbsen abspülen und abtropfen lassen. Die Kuvertüre im heißen Wasserbad oder 1 Minute in der Mikrowelle schmelzen.

2 Für die Karamellcreme 15 g Erdnussbutter und 15 g Kokossirup verrühren. Anschließend Vanille, Salz und Erdnüsse zufügen.

3 Die Kichererbsen in einer anderen Schüssel mit einer Gabel zerdrücken oder im Mixer fein zerkleinern. Die restliche Erdnussbutter und den restlichen Kokossirup unterrühren, dann erst das Hafermehl zufügen und alles zu einem glatten Teig verarbeiten. Aus dem Teig mit feuchten Händen 2 Riegel formen. Mit der Karamellcreme bestreichen und mit geschmolzener Kuvertüre überziehen. Zum Festwerden 1 Stunde in den Kühlschrank stellen, dann servieren.

EXTRATIPP: Diese gesunde Variante von Snickers® hält sich im Kühlschrank 2–3 Tage.

SCHOKOCCHINIS

Für 3–4 Stück

VORBEREITUNG: 25 MIN / BACKZEIT: 25–30 MIN

ZUTATEN

- 60 G KUVERTÜRE
- 200 G ROHE ZUCCHINI
- 30 G ÖL
- 50 G VOLLROHRZUCKER
- 110 G WEIZEN- ODER DINKELMEHL
- 20 G KAKAOPULVER
- 1 PÄCKCHEN BACKPULVER
- VANILLE
- 1 PRISE SALZ

1 Den Backofen auf 180 °C vorheizen. Die Kuvertüre im heißen Wasserbad oder 1 Minute in der Mikrowelle schmelzen.

2 Die Zucchini schälen und im Mixer glatt pürieren. Öl, Zucker und abgekühlte Kuvertüre zugeben und gut verrühren. Dann Mehl, Kakao, Backpulver, Vanille und Salz unterrühren.

3 Muffinformen mit Papierförmchen auskleiden, den Teig einfüllen und 25–30 Minuten backen. Vor dem Servieren abkühlen lassen.

EXTRATIPP:
Die Zucchini sind in diesem Rezept weder zu sehen noch zu schmecken. Schmeckt auch mit Vollkornmehl gut.

ÜBER-RASCHUNGS-KUCHEN

Für 6 Personen

VORBEREITUNG: 25 MIN / BACKZEIT: 20 BZW. 35 MIN

ZUTATEN

- 120 G GEGARTE KICHER-ERBSEN (KONSERVE)
- 30 G ÖL
- 75 G VOLLROHRZUCKER
- 30 G GEM. MANDELN
- 150 G WEIZEN- ODER DINKELMEHL
- 1 GEH. EL BACKPULVER
- 1 EL APFELESSIG (NACH BELIEBEN)
- SCHOKOTROPFEN

1. Den Backofen auf 180 °C vorheizen. Die Kichererbsen abspülen und abtropfen lassen.
2. Öl, Zucker und Kichererbsen mit 150 ml Wasser im Mixer glatt pürieren. In eine Schüssel füllen und gemahlene Mandeln, Mehl und Backpulver hinzufügen. Nach Belieben 1 Esslöffel Apfelessig zugeben, damit der Teig besonders locker wird. Glatt rühren, dann die Schokotropfen untermischen.
3. Eine Springform (Ø 18 cm) oder 6 Muffinförmchen mit Backpapier auslegen. Den Teig hineinfüllen und 35 Minuten (Springform) oder 20 Minuten (Portionsförmchen) backen. Vor dem Servieren ganz abkühlen lassen.

EXTRATIPP:
Niemand wird auf die Idee kommen, dass der Kuchen Kichererbsen enthält! Für eine glutenfreie Version Weizenmehl durch 90 g Kichererbsenmehl und 15 g gemahlene Mandeln ersetzen.

SCHOKOLADEN-TÖPFCHEN

Für 2 Personen

VORBEREITUNG: 15 MIN / BACKZEIT: 10 MIN

ZUTATEN

- 25 G ÖL
- 30 G AGAVENDICKSAFT
- 10 G KAKAOPULVER
- 15 G BUCHWEIZENMEHL
- 2 PRISEN SPEISENATRON

1 Den Backofen auf 200 °C vorheizen. Öl, Agavendicksaft und 60 ml Wasser mit einem Schneebesen verrühren, dann allmählich Kakao, Mehl und Natron zugeben und alles zu einem glatten Teig verarbeiten.

2 Den Teig in 2 hitzebeständige Gläschen füllen und 10 Minuten backen. Lauwarm servieren.

EXTRATIPP:
Noch schokoladiger wird der lockere Teig, wenn du vor dem Backen Schokotropfen unterrührst.

SESAMKUCHEN

Für 6 Personen

VORBEREITUNG: 25 MIN / BACKZEIT: 35 MIN

ZUTATEN

- 75 G GEM. MANDELN
- 75 G AGAVENDICKSAFT
- 50 G TAHIN
- VANILLE
- 1 PRISE SALZ
- 100 G WEIZEN- ODER DINKELMEHL
- 1 GEH. EL BACKPULVER
- HELLER SESAM ZUM BESTREUEN

1 Den Backofen auf 180 °C vorheizen. Gemahlene Mandeln, Agavendicksaft, Tahin, Vanille und Salz in eine Schüssel geben. Unter ständigem Rühren langsam 150 ml Wasser zugießen. Mehl und Backpulver hinzufügen und alles zu einem weichen Teig verarbeiten.

2 Eine Springform (Ø 18 cm) mit Backpapier auskleiden. Den Teig hineinfüllen, Sesamkörner darüberstreuen und 35 Minuten backen. Er ist gar, wenn an einem eingestochenen Holzstäbchen kein Teig mehr haftet. Ganz abkühlen lassen.

EXTRATIPP:
Alternativ den Teig in 6 Portionsformen füllen. Die Backzeit beträgt dann nur 20 Minuten

GEFÜLLTER RIESENCOOKIE

Für 3–4 Personen

VORBEREITUNG: 20 MIN / BACKZEIT: 15–20 MIN

ZUTATEN

- 30 G VOLLROHRZUCKER
- 30 G ERDNUSSBUTTER OHNE ZUCKER
- 70 G WEIZEN- ODER DINKELMEHL
- ½ TL BACKPULVER
- 20 G ÖL
- 2–3 EL KONFITÜRE NACH WAHL

1 Den Backofen auf 180 °C Vorheizen. Zucker und Erdnussbutter verrühren, dann nach und nach mit einem Schneebesen 40 ml Wasser untermischen. Mehl, Backpulver und Öl hinzufügen und alles zu einem homogenen Teig verarbeiten.

2 Den Teig halbieren und jede Portion mit dem Handballen zu einem Fladen von der Dicke eines Cookies drücken. Die Konfitüre in die Mitte eines Cookies geben, den anderen darauflegen und die Ränder gut zusammendrücken. 15–20 Minuten backen. Vor dem Servieren abkühlen lassen.

EXTRATIPP:
Besonders saftig wird das Gebäck, wenn du es in einer Form (10 × 10 cm) backst.

VARIANTE

GEFÜLLTER MANDELCOOKIE

Für 3–4 Personen

VORBEREITUNG: 20 MIN / KÜHLZEIT: 1 STD / BACKZEIT: 20–25 MIN

ZUTATEN

- 35 G VOLLROHRZUCKER
- 30 G GEM. MANDELN
- 70 G WEIZEN- ODER DINKELMEHL
- 1/2 TL BACKPULVER
- 25 G ÖL
- 3–4 EL KONFITÜRE NACH WAHL
- SCHOKOTROPFEN (NACH BELIEBEN)

1 Zucker und gemahlene Mandeln mischen, dann mit einem Schneebesen 40 ml Wasser unterrühren. Mehl, Backpulver und Öl hinzufügen und alles zu einem geschmeidigen Teig verarbeiten. 1 Stunde in den Kühlschrank stellen, damit er sich leichter bearbeiten lässt.

2 Den Backofen auf 200 °C vorheizen. Eine Backform (11–13 cm) mit Backpapier auskleiden. Den Teig halbieren und jede Portion formen wie den Gefüllten Riesencookie. Alternativ jeweils zu einem 5 mm dicken Rechteck drücken. Ein Rechteck in die Form legen, großzügig mit Konfitüre bestreichen (etwas Rand freilassen) und das andere Rechteck darauflegen. Nach Belieben mit Schokotropfen bestreuen. 20–25 Minuten backen, dann abkühlen lassen, damit sich eine schöne Kruste bildet.

EXTRATIPP:
Der Teig wird noch lockerer, wenn du mit dem Wasser 1 TL Apfelessig zugibst.

KIBO-KUCHEN

Für 6 Personen

VORBEREITUNG: 40 MIN / BACKZEIT: 40 MIN

ZUTATEN

- 120 G GEGARTE ROTE KIDNEYBOHNEN (KONSERVE)
- 1 PAKET VEGANER BLÄTTERTEIG ODER MÜRBETEIG (KÜHLREGAL)
- 115 G AGAVENDICKSAFT
- VANILLE
- 1 PRISE SALZ
- 50 G GEM. HASELNÜSSE
- 80 G GEM. MANDELN
- 80 G WEIZEN- ODER DINKELMEHL
- 1 GESTR. EL BACKPULVER
- MANDELBLÄTTCHEN (NACH BELIEBEN)

1 Den Backofen auf 180 °C vorheizen. Die Bohnen abspülen und abtropfen lassen.

2 Eine Backform (Ø 22 cm) mit dem Teig auslegen. Den Teig mehrmals mit einer Gabel einstechen.

3 55 g Agavendicksaft, Bohnen, Vanille und Salz in einem Mixer glatt pürieren. Die gemahlenen Nüsse zugeben und nochmals mixen. Die Masse auf dem Teigboden verteilen.

4 Den restlichen Agavendicksaft mit 120 ml Wasser und den gemahlenen Mandeln in einer Schüssel gut verrühren, dann Mehl und Backpulver hinzufügen und alles zu einem glatten Teig verarbeiten. Auf der Bohnenmasse verteilen und glatt streichen. Nach Belieben mit Mandelblättchen bestreuen und 40 Minuten backen. Vor dem Servieren abkühlen lassen.

EXTRATIPP:
Für einen schnellen Mürbeteig 50 ml Wasser, 120 g Weizen- oder Dinkelmehl und 25 g Öl in dieser Reihenfolge in eine Schüssel geben. Gut verkneten.

CHEWKIES

Für 6 Stück

VORBEREITUNG: 20 MIN / BACKZEIT: 15 MIN

ZUTATEN

- 30 G ERDNUSSBUTTER OHNE ZUCKER
- 40 G MANDELMUS
- 70 G APFELMUS OHNE ZUCKERZUSATZ
- 30 G KOKOSBLÜTEN-ZUCKER
- 100 G ZARTE HAFERFLOCKEN
- SCHOKOTROPFEN ODER ROSINEN
- 1 PRISE BACKPULVER
- GROB GEHACKTE ÖLSAATEN (NACH BELIEBEN)

1 Den Backofen auf 180 °C vorheizen. Erdnussbutter und Mandelmus mit dem Apfelmus verrühren, dann Zucker und Haferflocken hinzufügen und gründlich einarbeiten. Zuletzt Schokotropfen und Backpulver unter den Teig rühren. Falls verwendet, nun die Ölsaaten untermischen.

2 Den Teig in 6 Portionen auf ein Backblech geben, etwas flach drücken und 15 Minuten backen. Vor dem Servieren ganz abkühlen lassen, damit die Cookies knusprig werden.

EXTRATIPP:
Diese Cookies sind innen weich und außen knusprig. Sie schmecken zum Kaffee oder zum Frühstück.

ZITRUSKUCHEN OHNE ZUCKER

Für 4–5 Personen

VORBEREITUNG: 20 MIN / BACKZEIT: 20–25 MIN

ZUTATEN

- 80 G APFELMUS OHNE ZUCKERZUSATZ
- VANILLE
- ZIMT
- LIMETTENSCHALE
- 25 G ÖL
- 50 G GEM. MANDELN ODER HASELNÜSSE
- 135 G WEIZEN- ODER DINKELMEHL (TYPE 1050)
- 1 GESTR. EL BACKPULVER
- ROSINEN

1 Den Backofen auf 180 °C vorheizen. Apfelmus, Gewürze, Limettenschale, Öl und gemahlene Mandeln verrühren. Nach und nach 110 ml Wasser zugießen und mit einem Schneebesen unterrühren. Mehl und Backpulver hinzufügen und alles zu einem glatten Teig verarbeiten. Die Rosinen unterkneten.

2 Eine Backform (12 x 13 cm) oder 4–5 Minibrotformen mit Backpapier auskleiden. Den Teig einfüllen und je nach Formgröße 20–25 Minuten backen. Vor dem Servieren vollständig abkühlen lassen.

EXTRATIPP:
Dieses Gebäck ohne Zucker und Weißmehl eignet sich gut als Frühstück oder als Snack für unterwegs. Für eine proteinreichere Variante 45 g Mehl durch 30 g Kichererbsenmehl ersetzen.

ZUTATEN-REGISTER

REZEPT-REGISTER

* Rezept mit etwas Wasser, einem Triebmittel und drei Hauptzutaten

DANK

An erster Stelle danke ich meiner Community, ohne die das ganze Buchprojekt nicht möglich gewesen wäre. Danke, dass so viele von euch mir vertrauen, wenn ich meine Rezepte in den sozialen Netzwerken poste. Euer Feedback ist Balsam für meine Seele, und das nun schon seit über vier Jahren. Ich hoffe, wir haben noch einen langen gemeinsamen Weg vor uns.

Ich danke meiner Familie, die mich immer in meinem Vorhaben bestärkt hat und meine treuen Vorkoster sind. Mein besonderer Dank gilt meinen Eltern, die ich sehr liebe. Meine Dankbarkeit für sie kann ich mit Worten nicht ausdrücken.

Ich danke Marie Laforêt, der Pionierin der veganen Küche, die mich bei diesem Projekt begleitet hat. Du hast mir oft geholfen, wenn ich mich zwischen Rezepten nicht entscheiden konnte oder den Überblick zu verlieren drohte. Vielen Dank an Alice für ihr tolles Styling und die großartigen Fotos.

Danke an Didier und die Leute von Solar, die mir dieses Projekt anvertraut haben. Es ist eine Ehre, in einer der Kollektionen von Solar zu erscheinen. Danke an Diane Monserat, bei der ich mich während des gesamten Abenteuers wohlgefühlt habe.

Bibliografische Information der Deutschen Nationalbibliothek
Die Deutsche Nationalbibliothek verzeichnet diese Publikation in der Deutschen Nationalbibliografie. Detaillierte bibliografische Daten sind im Internet über http://dnb.d-nb.de abrufbar.

Für Fragen und Anregungen
info@rivaverlag.de

Wichtiger Hinweis
Ausschließlich zum Zweck der besseren Lesbarkeit wurde auf eine genderspezifische Schreibweise sowie eine Mehrfachbezeichnung verzichtet. Alle personenbezogenen Bezeichnungen sind somit geschlechtsneutral zu verstehen.

1. Auflage 2022

Türkenstraße 89
80799 München
Tel.: 089 651285-0
Fax: 089 652096

Übersetzung: Wiebke Krabbe
Redaktion: Anna Gülicher-Loll
Umschlaggestaltung: Manuela Amode
Umschlagabbildungen und Abbildungen im Innenteil: Graphium
Layout: Joséphine Cormier
Satz: inpunkt[w]o, Haiger (www.inpunktwo.de)
Druck: Florjancic Tisk d.o.o., Slowenien
Printed in the EU

ISBN Print 978-3-7423-2124-4
ISBN E-Book (PDF) 978-3-7453-1898-2
ISBN E-Book (EPUB, Mobi) 978-3-7453-1899-9

Wir produzieren nachhaltig
www.m-vg.de

Weitere Informationen zum Verlag finden Sie unter
www.rivaverlag.de
Beachte auch unsere weiteren Verlage unter www.m-vg.de